Der Herausgeber

Wolf Alexander Hanisch wurde 1963 in Kaufbeuren geboren. Schon früh lernte er die ersten, nicht immer ganz ernst zu nehmenden Gebrauchsanweisungen für's Leben kennen, die seinen Wissensdrang stärkten und ihn später zu einem Soziologiestudium führten. Gebrauchsanweisungen sind sicher auch ein lohnendes Forschungsobjekt innerhalb dieser Wissenschaft – im vorliegenden Buch beschränkte sich Hanisch allerdings auf den unterhaltenden Aspekt solcher Dokumente. Aus den zahlreichen Gebrauchsanweisungen wählte er für dieses Buch die skurrilsten aus. Im «ernsthaften» Leben ist Hanisch heute Lektor, Mitinhaber einer Presseagentur und gelegentlicher Autor. Anfang 1993 erschien sein Buch «Düsseldorf heiter betrachtet».

Der Illustrator

Professor Roland Henß-Dewald wurde 1952 in Bonn geboren. Nach dem Abitur 1972 sudierte er Graphik-Design in Düsseldorf und Berlin. 1986 absolvierte er sein Hochschuldiplom in Wuppertal.
Henß-Dewald ist seit 1978 als Designer tätig, seit 1980 im eigenen Designerbüro in Düsseldorf. 1988 wurde er zum Professor an die Fachhochschule Düsseldorf berufen. Er erhielt zahlreiche Auszeichnungen und trat durch Gastvorträge, Ausstellungen und Veröffentlichungen zu Designthemen hervor.

Wolf Alexander Hanisch (Hg.)

Sie müssen nur die Welle durch die Tülle schieben

Kuriose Gebrauchsanweisungen

Mit Illustrationen von
Prof. Roland Henß-Dewald

rororo

Rowohlt

rororo tomate
herausgegeben von Klaus Waller

Originalausgabe
Veröffentlicht im Rowohlt Taschenbuch Verlag GmbH,
Reinbek bei Hamburg, Mai 1993
Copyright © 1993 by Rowohlt Taschenbuch Verlag GmbH,
Reinbek bei Hamburg
Die Rechte an den Illustrationen liegen bei
Prof. Roland Henß-Dewald, Düsseldorf
Umschlaggestaltung Barbara Hanke
Umschlagillustration Til Mette
Satz Garamond, PM 4.2
Langosch Grafik+DTP, Hamburg
Druck und Bindung Clausen & Bosse, Leck
Printed in Germany
790-ISBN 3 499 13287 7

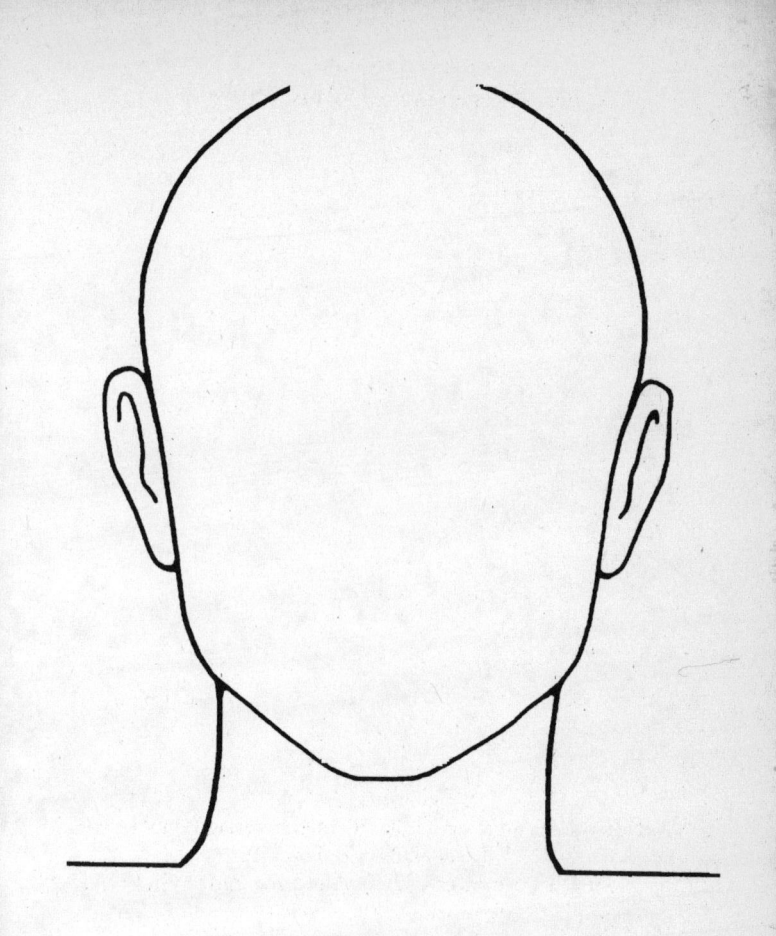

Vorwort

Von Dr. Peter Zec, Design-Zentrum NRW

Wer kennt sie nicht, die Probleme mit dem Radiowecker, dem Videorecorder oder Fotokopierer, wenn es darauf ankommt, die Geräte richtig zu bedienen. Dabei muß man doch nur die Gebrauchsanweisung zur Hand nehmen, um den Umgang mit den Dingen von A bis Z zu verstehen. So erwarten wir es jedenfalls, und so sollte es ja eigentlich auch sein. Doch nicht selten sieht die Realität völlig anders aus. Da wird dann unsere Intelligenz durch die Gebrauchsanweisung noch mehr auf die Probe gestellt, als dies ohnehin schon durch das darin beschriebene Gerät der Fall ist. Enttäuscht legen wir die Gebrauchsanweisung dann wieder zur Seite und versuchen noch einmal direkt mit dem Gerät unser Glück.

Doch nicht alle Gebrauchsanweisungen sind unverständlich. Der Gerechtigkeit halber sei gesagt, daß viele Gebrauchsanweisungen durchaus nützlich und brauchbar sein können. Nur kommt es allzuoft vor, daß man sie immer dann gerade nicht zur Hand hat, wenn man sie braucht. Dabei nehmen wir uns doch immer wieder vor, sie gut aufzubewahren, um dann im entscheidenden Moment festzustellen, daß sie verlegt wurde oder aus unerklärlichen Gründen nicht aufzufinden ist.

Obwohl eigentlich zu jedem Gebrauchsgegenstand eine Gebrauchsanweisung gehört, schenken wir ihr in der Regel immer nur dann Beachtung, wenn es Probleme gibt. Solange auch ohne nachlesen alles funktioniert, neigen wir dazu, die Gebrauchsanweisung zu vergessen oder gar als lästig und besserwisserisch zu empfinden. Dabei kann es dann schon mal passieren, daß wir uns um den Lesegenuß eines Kabinetts wahrer literarischer Kuriositäten bringen. Es gibt nämlich eine ganze Reihe von Gegenständen, die für uns so selbstverständlich sind, daß jede Beschreibung ihres Gebrauchs unvermeidlich komische Züge annimmt.

Hierbei stelle man sich etwa die Gebrauchsanweisung einer Fahrrad-Luftpumpe, eines Schuhanziehers oder eines Büstenhalters vor.

Besonders kurios erscheinen uns aber die Gebrauchsanweisungen, die unsere Sprache entweder durch unerwartete Wortschöpfungen erweitern oder aber von Fall zu Fall bis zur absoluten Unverständlichkeit verfremden, wenn etwa bei einer LCD-Tischuhr von einem «Coppalpunki» die Rede ist oder aber bei einem Mini-Radio «das Kopfphon zu Wagenwinde» zu verbinden ist, «um Musik zu genießen».

Diese und andere Beispiele lassen darauf schließen, daß aus der Gebrauchsanweisung inzwischen eine neue literarische Gattung mit subversiven Sprachelementen hervorgegangen ist, die gemessen an ihrer auflagenstarken Verbreitung in unserer Alltagsrealität bislang weder von Kultur- noch von Literaturkritikern ausreichend gewürdigt worden ist.

Grausame Behandlung

...
Nimmer Etwas auf den Stromschnur liegen zu gestatten. Nimmer diesen Monitor legen, wo der Schnur von Personen darauf spazierengehen grausam behandelt wird.

...
Nimmer versuchen, um diesen Monitor zu bedienen, da bei der Öffnung oder Bewegung des Deckels Ihnen eine gefährliche Spannung oder andere Gefahr entstünde. Beziehen Sie sich für alle Bedienungen mit den qualifizierten Bedienungspersonal.

*(aus der Gebrauchsanweisung für
einen koreanischen Computermonitor)*

In Korrespondenz mit die Öffnung

Es erlaubt 4 PAARE Skis zu fortbringen – es vermeidet das Reiben von jedem Teil auf dem Dach – es den Druk vor Luft auf den Skis ertragt – es auf den Wagen von jeden Breite wird leicht eisetzen

INSTRUKTION FÜR MONTAGE
1) Die Krümmung in die Lange A stecken – 2) Die Schraubenmutter (gewind) D in die Lange A in Korrespondenz mit die Öffnung einstecken – 3) Die Schraube C in die Schraubenmutter D zuschrauben, nachdem die Schrauben gelockert zu haben in die Plättchen denn der Skitrager auf dem dach des Wagens befestigen, die Breite regulierende. Alle Schrauben zuschrauben und der Skitrager ist fertig.

(Installationshinweise für einen Skiträger)

Orwunichie Zehi archaini

Knotrolle der Normalenraige
...
Dia Schaller hdnnan mu dem Finger gedrlichi warden.

Einatellungracharter
...
Druchen Sie dann S1 bieige orwunichie Zehi archaini. Wenn alles richtig eingesielli isluruchen Sie S2 bis Slunuen und Mirunan mii blindendern Coppalpunki arschetuen.

Wechssin der Brtterie
An der Umbuiliung sind on beidan Satsn Schuile. Versuihen Sie aliese vorsrching mit einar Munie ru ottan.
...
Hellarre-kantake die suchura lut chas uelan die Uler des loubande.

(aus einer Bedienungsanleitung für eine LCD-Tischuhr)

Gas-Abgang
mit vergoldetem Verschluß

Sehr geehrter Herr Kollege!

Im vergangenen Jahrzehnt ist so manches Gute zugrunde gegangen. Der Arzt und die Kranken mußten auf viele Dinge verzichten, die einst Selbstverständlichkeiten waren.

So ist unter anderem ein nützliches und sehr beliebtes Hilfmittel verschwunden, das ungezählten Leidenden Hilfe brachte...

Das Mello ist nach qualitativer und konstruktiver Verbesserung unter dem Namen *Flatex* wieder erstanden.

Der *Flatex* ist ein, der Krümmung der ampulla recti angepaßter, längs durchbohrter Körper aus Hartgummi, der nach Einführung in den After durch den sphincter ani festgehalten wird und den Gasen, die in die ampulla recti eintreten, einen dauernden, und durch die geringe jeweilige Menge geruchlosen Abgang gestattet...

Das entnervende, dauernde Zurückhaltenmüssen der Darmgase ist unnötig, man kann sich jederzeit frei und ungezwungen bewegen.

Der *Flatex* wird in eigener Werkstätte aus bestem Hartgummi der Firma Continental von Fachkräften in erstklassiger Handarbeit hergestellt.

In Fachgeschäften kann Ihr Patient den *Flatex* für DM
9,65 mit vernickeltem, oder für 11.- mit vergoldetem Verschluß erwerben.
...

Mit kollegialer Hochachtung!
Dr.med.F.Springer u.Ing.W.Schnitger

(aus einem Werbebrief aus den fünfziger Jahren)

Die puffende Puff Unterlage

Wenn das Wetter kalt ist, wird die Puff Unterlage sich langsam puffen. Entrollen die Puff Unterlage und liegen auf ihr, dann wird sie von der Wärme sich Inflationen bekommen.

(aus der Gebrauchsanweisung für eine Luftmatratze aus Taiwan)

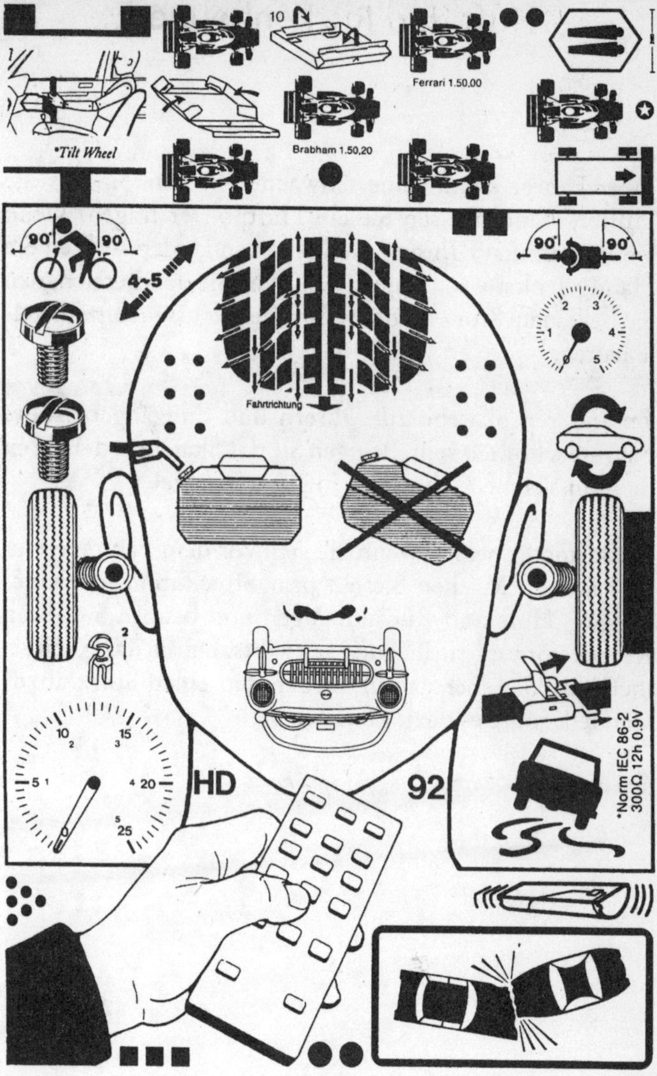
*Tilt Wheel
10
Ferrari 1.50,00
Brabham 1.50,20
90°
90°
4~5
90°
90°
Fahrtrichtung
1
2
3
4
5
2
10
15
5
20
25
HD
92
*Norm IEC 86-2
300Ω 12h 0.9V

Huft und Ruckenbeugen

...
Jeder Fahrer kennt seine schwachen Stellen. Sind es die Hüften, dann mussen Sie ein Huftpolster tragen. Wenn Sie immerzu auf Ihren Handgelenken landen, sollten Sie Handgelenkstutzen tragen. Schutzen Sie den Bereich, den Sie bei einem Sturz als die wahrscheinlichste Aufprallstelle halten.
...
Zu anderen Skateboard-Fahrern und Fußgängern sollte man stets höflich sein. Bringen Sie das Skateboard-Fahren nicht in Verruf. Geben Sie ein gutes Beispiel.
...
Es ist immer besser, wenn Sie sich vor dem Fahren etwas aufwärmen. Machen Sie ein paar Streckubungen, Kniebeugen, Huft und Ruckenbeugen und beugen Sie Ihren Körper vor und zurück und seitwärts. Durch das Aufwarmen sind Sie eher darauf vorbereitet, einen Sturz abzuwenden, sollte es dazu kommen.

(aus der Gebrauchsanweisung für ein Skateboard)

Wahrhaft universeller Staubsauger

Entstauben von Kleidern / Removing dust from clothes / Dépoussiérage des habits / Quitando el polvo de los trajes / Rengöring av kläder.

Reinigen von Bilderrahmen / Cleaning picture frames / Nettoyage des tableaux et cadres / Rengöring av tavelramar / Liempieza de los marcos de cuadros.

Einmotten von Kleidungsstücken / Protecting clothes against moths / Pour la protection contre les mites / Preparering av kläder / Conservación de prendas de vestir.

Der Trocken-Stäuber dient zur feinsten Verteilung von Insektenpulver. Er ist das zweckmäßigste Gerät zum Einmotten von Pelzen und Kleidungsstücken, weil das Pulver bis in die Tiefe der Pelze oder Gewebe gepreßt wird.

Der Naß-Stäuber vernebelt Flüssigkeiten aller Art (Wasser, Parfüme und Desinfektionsflüssigkeiten).

Saugstriegel reinigt Pferde, Rindvieh, Ferkel in trefflicher Weise. Putzen und Striegeln in einem Arbeitsgang unter gleichzeitiger Durchlüftung des Felles.

Insektenvertilger dient zur schnellen Vertilgung von Fliegen, Mücken usw. in Stallungen, Kellern, Küchen, Vorrats- und Lagerräumen, Verkaufslokalen usw.

Protos-Sprudelbad ermöglicht in bequemer und billiger Weise die durch ihre erfrischende und hellende Wirkung bekannten Luftsprudelbäder zu Hause zu nehmen.

(aus der Gebrauchsanweisung für den Staubsauger PROTOS, ca.1930)

Karawanen willkommen

Konfort . Ruhe

3 Hektaren 500, zum Teil schattige Stellen. Guten Sanitären Konfort: Warme Duschen, Toiletten, Waschtische, Waschbecken für Wäsche, Geschirr-Spülbecken, Elektrische Steckdosen für Rasierapparate, Elektrisher Anschluß für Karawanen.

(aus dem Prospekt eines Campingplatzes in Cassis/Côte d'Azur)

Ist die Macht an?

Verbinden Sie das Kopfphon zu Wagenwinde, um Musik zu genießen.
...
Setzen Sie das Stereo Kopfphon in Kopfphon Wagenwinde ein, die Macht ist an, sonst die Macht ist ab.
...
Fuer UKW Band, die Tafel wird angezuendet, nur als den Laut des Radios wird erhalten.
...
Stellung Zeiger
Es zeigt die Haeufigkeit, die Sie vom Radio hoeren.
...
Ton Waehler
Setzen Sie nach hoch fuer groessere Dreifache und nach leise für kleinere Dreifache.

(aus dem «Anweisungs-Handbuch» für das Mini-Radio Mars SC 20)

Das ist nicht die Störung...

BEMERKUNG FÜR BENUTZUNG

1. Die hinte Seite dieser Cassette ist nicht benutzbar. Niemals versuch diese hinte Seite umgekehrt einzufügen.
2. Vollkommen nimm als die Aufschrift bezeichnet auf.
3. Nicht nimm diese Cassette auseinander.
4. Das Pinch-roller dieses Aufnahmegerät wird rein haten müssen.
5. Nicht zeihe Film von diese Cassette heraus oder nicht drehe Hubroller nach rechts um.
6. Diese Cassette wird für das Aufnahmegeröät des Autos nicht verwenden Können.
7. Hub-roller dieses Gerät dreht sich fester als des Allgemeinen um, wann diese Cassette läuft. Aber das ist nicht die Störung.

(Bedienungsanleitung für eine Endloskassette)

Bitte nicht schweben!

ATTENTION DANGER!
PRISE DE COURANT 220 V
TERRE OBLIGATOIRE
Pour le branchement, s'adresser au bureau

―――――――――――――――――

ACHTUNG GEFAHR !
STECKER 220 VOLT
BODEN VERPFLICHTEND
Für die Verzweigung bitte fragen bei dem Büro an

(zweisprachiger Hinweis auf einem französischen Campingplatz)

Nur keine Wertbeutelsackfahne

In Dienstanfängerkreisen kommen immer wieder Verwechslungen der Begriffe «Wertsack», «Wertbeutel», «Versackbeutel» und «Wertpaketsack» vor.

Um diesem Übel abzuhelfen, ist das folgende Merkblatt dem § 49 der ADA vorzuheften:

Der Wertsack ist ein Beutel, der aufgrund seiner besonderen Verwendung im Postbeförderungsdienst nicht Wertbeutel, sondern Wertsack genannt wird, weil sein Inhalt aus mehreren Wertbeuteln besteht, die in den Wertsack nicht verbeutelt, sondern versackt werden.

Das ändert aber nichts an der Tatsache, daß die zur Bezeichnung des Wertsacks verwendete Wertbeutelfahne auch bei einem Wertsack mit Wertbeutelfahne bezeichnet wird, und nicht mit Wertsack-, Wertsackbeutel- oder Wertbeutelsackfahne.

Sollte es sich bei der Inhaltsfeststellung eines Wertsakkes herausstellen, daß ein in einen Wertsack versackter Versackbeutel statt im Wertsack in einem der im Wertsack versackten Wertbeutel hätte versackt werden müssen, so ist die in Frage kommende Versackstelle unverzüglich zu benachrichtigen.

Nach seiner Entleerung wird der Wertsack wieder zu einem Beutel und er ist auch bei der Beutelzählung nicht als Sack, sondern als Beutel zu zählen.

Bei einem im Ladezettel mit dem Vermerk «Wertsack» eingetragenen Beutel handelt es sich jedoch nicht um einen Wertsack, sondern um einen Wertpaketsack, weil ein Wertsack im Ladezettel nicht als solcher bezeichnet wird, sondern lediglich durch den Vermerk «versackt» darauf hingewiesen wird, daß es sich bei dem versackten Wertbeutel um einen Wertsack und nicht um einen ausdrücklich mit «Wertsack» bezeichneten Wertpaketsack handelt.

Verwechslungen sind insofern im übrigen ausgeschlossen, als jeder Postangehörige weiß, daß ein mit Wertsack bezeichneter Beutel kein Wertsack, sondern ein Wertpaketsack ist.

(aus einer Dienstanweisung für Postangehörige)

Die gemeine Steckdose

...

Sicher sein, daß der Schalter in der richtigen Position für kühlen oder heißen Zyklus ist. Zu prüfen dem richtigen kühlen oder heißen Zyklus, beruhren den inneren Aluminium-Überseedampfer dem Verwandeln der Werme vom Kühl zum heiß oder Hals zum Kühl zu prüfen.

...

Hemme nie den Luft-fließen aus.

...

Die Steckdosen kann sehr gemein mit dem verbrannten Tabak werden.

(aus der Gebrauchsanweisung für eine 12-Volt-Thermobox)

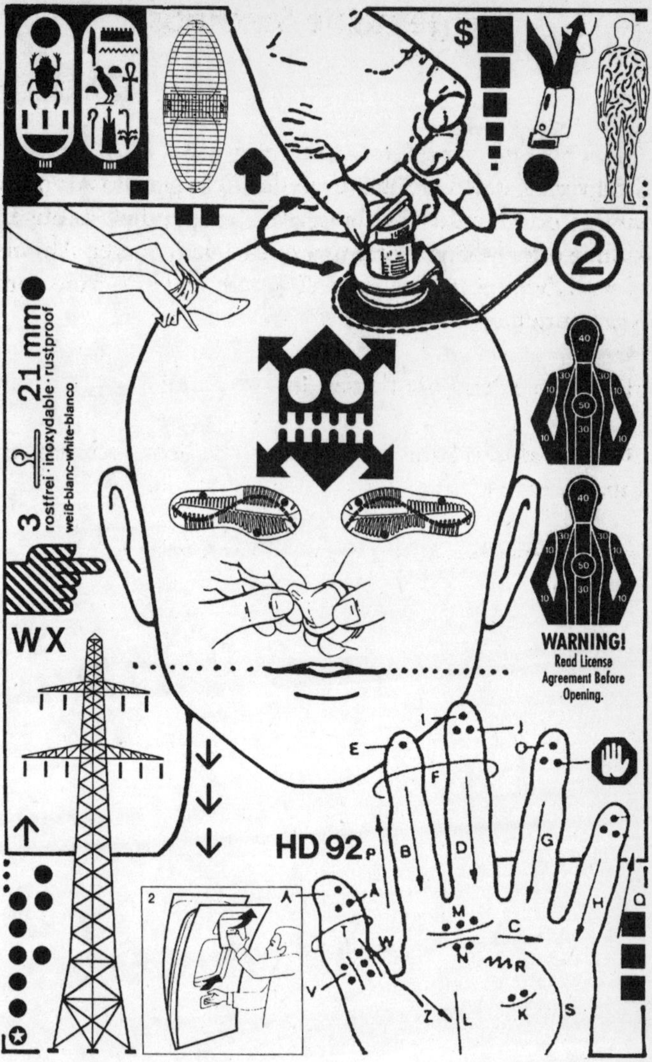
$
2
3
21 mm
rostfrei · inoxydable · rustproof
weiß-blanc-white-blanco
WX
WARNING!
Read License
Agreement Before
Opening.
HD 92 P

Im Felde bewährt

‹Gehwol› Fußkrem wurde aufgrund von Versuchen und Erfahrungen in den Feldzügen 1864, 1866 und 1870/71 entwickelt. Das über 100 Jahre alte Rezept wurde bis heute ohne wesentliche Änderungen beibehalten.

(Beipackzettel für eine Fußcreme)

Die Welle durch die Tülle

Montage-Anleitung:

1. Sie stellen das Becken mit dem Sitzrand nach unten.
2. Sie stecken die Welle durch das Loch in der Becken-Seitenwand in den Becken (etwa 5 cm).
3. Sie nehmen die Tülle und schieben die Welle durch die Tülle durch.
4. Sie nehmen die Klappe (Tellerseite nach unten) und schieben die Welle weiter durch die Klappe durch, führen die Welle in das Loch in der gegenüberliegenden Beckenwandung ein, bis diese anstößt.
5. Sie nehmen die Schraube 4x35 mm und stecken diese, von oben in das Loch in der Welle durch, bis die Schraube durch die Klappe durch ist. Dabei drehen Sie die Welle, bis das Loch in der Klappe mit dem Loch in der Welle übereinstimmt.
6. Sie nehmen die Mutter M 4 und schrauben diese auf die Schraube in der Klappe fest auf.
7. Sie nehmen den Griff, geben etwas dünnen Fensterkitt hinein und schieben den Griff auf den Hebel der Welle auf. – Fertig!

Hinweis: Sollte die PVC-Tülle zu lang sein und dadurch das Durchstecken der Schraube durch die Klappe und den Hebel nicht möglich sein (das kann vorkommen, weil durch den Brand der Becken Maßtoleranzejn entstehen können) ziehen Sie die Welle noch einmal zurück und schneiden mit einem Masser einige mm von der Tülle ab.

(Montageanleitung für einen Trockenklodeckel des VEB Oberlausitz Holzwerke Taubenheim in der Ex-DDR)

Freunde der Leuchtstoffröhre, aufgepaßt!

Lieber Lampifreund,

Herzlichen Glückwunsch zu Ihrer neuen Lampi! Sie haben sich mit Lampi für
- beste Qualität,
- problemlose Produkte und
- innovative Lichttechnik

entschieden. Ihr Vertrauen wird für uns Ansporn sein, das Gute immer weiter zu verbessern und das Optimale zu erreichen. Ich heiße Sie herzlich willkommen in der großen, weltumspannenden Familie der Lampi-Freunde.

(aus der Installationsanleitung für eine Leuchtstoffröhre)

Einige nützliche Raete

DIE TOURISTEN ETRANGERS A UNSER DEPARTEMENT ODER A UNSER LAND

Das Prefect der Rhône gibt ihnen die folgenden raete:
...
Auf der Straise:
– die straiseanzeige skrupuloes hoechstgeschwindigkeiten;
– ihre goings jenseits begrenzen;
– obacht geben dass, gleichmaessig im trockenen abstand zwischen ihrem traeger und dem zu lassen, der sie auf der autobahn nicht auf der weise der linken seite dauerhaft verteilen, die für die einaigen goings jenseits aufgehoben wird;
– die notschulter nur im falle der absoluten notwendigkeit verwenden;
– interdisez sie irgendein spiritusverbrauch und gebildete helle mahlzeiten;
– bleiven der patient und zoegern nicht, die verschiedenen wege des unballastings zu verwenden, denen sie.
...
Auf den Perkenraeumen:
– im geschaeft der stationen oder des cafeterias, darstellen vermeiden die grossen schnitte, um die kleinen erwerbe zu regulieren.

Das Experiment zeigt, daß die majoritaeten des gebildeten mefaits aufgrund der nichtbeachtung dieser einiger raeter sind.

Die masseinheit sind folglich nachtwatchmen.

GUTE STAISE   GUTE FEIERTAGE

(aus einem Merkblatt der französischen Rhône-Autobahn)

Mit Zwei-Gabel-Stecker

Ihr TC 3160 arbeitet auf 220 V/50HZ AC-Kreis durch das AC-Kraft-Kabel anschließen. Verbinden den 2-Gabel-Stecker am Kabelende in eine Wandloch zur Lieferung von 220 V/50 Hz-Spannung. Die Kraft nach dem Stecken wird durch On/Off & Vomume Controle an der Vorderseite regeln. Drehend diese Steuerung mit den Zeigern Bis ein schwaches Klicken bei Stellen des Knopfes wird gehört. Umdrehend links herum Zeiger zeigt das Stellen mit Klick.

(niederländisch-deutsche Anweisung, vermutlich für ein Kofferradio)

Meist genügt eine Tablette

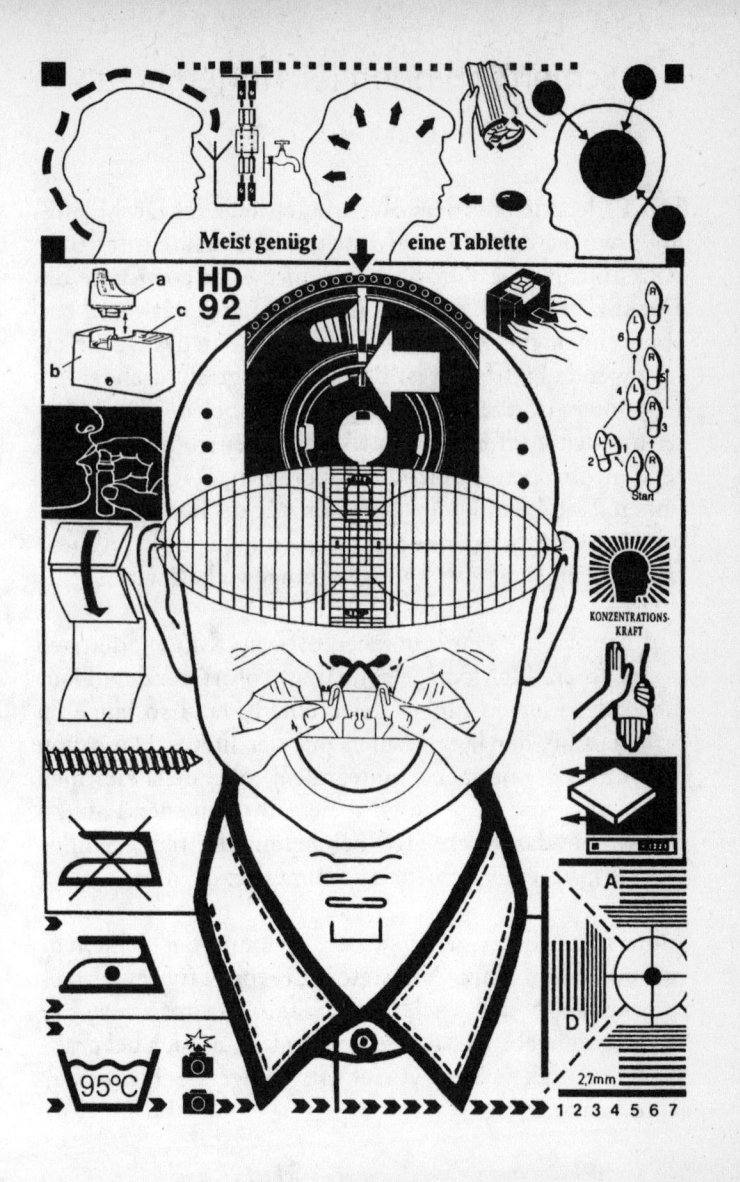

Schleifenbinden leicht gemacht

Der Faden, der aus dem oberen Heftloch des Deckblattes ragt, wo in der Nähe gedruckt steht «Aktentitel bzw. Akteninhalt», ist von oben bis an die untere Kante des Deckblattes zu ziehen und in dieser Länge (etwa 19 cm) abzuschneiden. Der aus dem unteren Loch des Deckblattes ragende Heftfaden ist bei 5 cm Länge abzuschneiden. Der untere (kurze) Faden ist aus dem Loch des Deckblattes mit der rechten Hand steil nach oben zu halten, während im gleichen Moment der obere (lange) Faden mit der linken Hand straff gezogen von rechts kommend ein- oder zweimal nach links auslaufend um den unteren ebenfalls fest angezogenen Faden herumgewickelt wird.

Auf den dadurch entstandenen offenen Knoten, der sich in das untere Heftloch gelegt hat, ist sofort mit dem Daumen oder kleinen Finger der rechten Hand so lange zu drücken, bis der lange Faden mit der linken Hand von links unten kommend unter dem obersten Heftloch rechts über und dann unten seinem alten eigenen Lauf zu einer bis an das untere Heftloch heranzuführende Schlinge kräftig zu einer Schleife zusammengezogen ist.

Sollte trotz dieser genauen Beschreibung der Schleifenverbund nicht zum erwarteten Ergebnis führen, ist es zweckmäßig, daß sich die Sachbearbeiter vor der Schriftgutabgabe an das Archiv wenden, um sich bei praktischer Tätigkeit den vorschriftsmäßigen Schleifenverschluß anzueignen.

(aus der Archivordnung eines Zeitungsbetriebes)

Ein behaglicher Luftbohrer

Der Luftbohrer zum ausschließlichen Gegrauch der Schweissungwegnahme
• Die Griff-Kraft ist stark, die Spitze des Schnitts nicht zu gleiten, die Geschwindigkeit des Abschnitts ist schnell. Der Behrer ist dauerhaft.
• Die Tiefe des Schnitts ist frei regulieren zu können, endet der Riss des Überbleibselen Paneels sich ganz wenig.
• Ohne Kraft, ganz einfach mit behaglicher Haltung kann man die Sicherheitsarbeit.

Die Gebrauch – erklärungschrift
....
Wenn der Verbindungsarm zum Flügelgriff gehören würde, ergreifen oder erfassen, berühren würde, würde den Griff zum Hebel leicht einstellen. Nach zweimal der Motor umdreht, bitte regulieren den Punkt zwischen dem Motor und dem Griff mit Hebel.
...
Die Blasdicke läuft frei (Die Blasdicke ist frei im Gang)
Die Folge des Gebrauchs einmal, zweimal mit Öl in die Folge des Gebrauchs einzugiessen.
(Bitte giessen Sie die Folge des Gebrauchs einmal, zweimal mit Öl in die Folge des Gebrauchs ein!)

(aus der Gebrauchsanweisung für den Luftbohrer spotle T-575)

Ganz einfach, nicht?

C. ZEITSTELLEN:

1. Wie man die Grundzeit einstellt?
   Ihre lokale Zeit sagt: (PM) 9 Uhr, 16 Minuten.
   Stellen Sie den Steuerschalter wie folgend angezeigt:

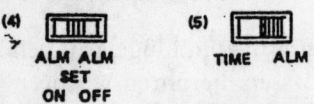

   (4) [schalter] ALM ALM SET ON OFF   (5) [schalter] TIME ALM

   a. Drücken und halten bzw. wiederholend Drücken Lösungsknopf "MIN" und stellen Sie die Zahl bis "16"
   b. Drücken und halten bzw. wiederholend Drücken Lösungsknopf "HR" und stellen Sie die Zahl bis zum P9 (es bedeutet PM)

   Nach dem Stellungsverfahren, bitte stellen Sie der Schalter (4) zur Alarm EIN oder Alarm AUS Stellung und den Stellenknopf zu halten.

2. Wie man die Alarmzeit einstellt?
   Ihre gewunschte Alarmzeit ist (AM) 10:30.
   Stellen Sie den Steuerschalter wie folgend angezeigt:

   (4) [schalter] ALM ALM SET ON OFF   (5) [schalter] TIME ALM

   a. Drücken und halten bzw. wiederholend Drücken Lösungsknopf "MIN" und stellen Sie die Zahl bis "30".
   b. Gleiches Verfahren um die Stunde bix "10" einzustellen.
   c. Nun haben Sie die Einstellung gemacht. Aber, bitte vergessen Sie nicht, den Schalter (5) zur "Grundzeit" Stellung unter normaler Betriebsart wiedereinzustellen.

Wenn die Grundzeit die vorausseingestellte Alarmzeit entspricht, der Alarm ist hervorgebraht. Die Alarmstimme wird nach 1 Minute Arbeit aufgehört. Wenn Sie dann da "Schläfchen" drücken während der Alarmzeit, wird die Stimme sofort aufgehört. Und die Stimme für anders 7 Minuten nach diesen 7 Minuten "Schläfchen" und so weiter.....Jedoch, der Alarm wird nicht wirken wenn der für komplete 7 Minuten geläutet hat, wenn nicht der zweite Korrespondenz nach 24 Stunden. Wenn der Alarm erzeugt wird, stellen Sie den Schalter (4) zur Stellung — ALARM OFF (ALARM AUS) um den Alarm auszumachen. Wenn der Alarm nicht für jede 24 Stunden stellen Sie bitte zur ALARM OFF Stellung um die Energie zu sparen.

(Betriebsanleitung für eine LCD-Uhr)

Delikates Material

ACHTUNG!

DAS INDUKTIVE AUFNEHMEN ENTHÄLT EIN DELIKATES FERRITE MATERIAL UND DARF GAR NICHT ZERRISSEN, BEDECKT, GEFALLEN, ODER GROB BENUTZT WERDEN. BITTE LASSEN SIE DIE KONTAKTFLÄCHE GANZ ZAUBER SEIN.

(Warnung auf einem Metallsuchgerät)

Ärmliche Erstaufführungen vom Zeitmeß

Die bequeme Instrument Vereinigt zwe fundamentale Prüferinstrument in eine Einheit. Das Zeitmeßlicht bestimmt das Zeitmeß von den Motor. Der entfernte Startschalter vermeidet den Bedarf; braucht eine zweite Person, den Motor anzukurbeln, wenn den regelnden Prüfer ausführend zu sei.

...

Jede Fabrekation von Motor spezifiziert die richtige stellung, relativ zu TDC (Spitze Lod Mitte) allmählich, zudem die zündende System mußt den Motor Gesetzt werden, bringt unregelt fur eine Menge von Ursache, Ärmliche Erstaufführung und übermäßige Anwendung von die kraftstoff sind die endliche Ursache.

...

Der Funke Pflock muß sauber und richtig gegähnt sein.

...

Vorsicht
Es ist ratsam, die Blattqurtel zu lösen, zu stoppen die Blatten vom Dreh, wenn diese Motoren Zeitmeßt.

(aus einem Handbuch für eine aus China importierte Zündzeitpunkt-Einstellpistole)

Zuchthaus Aquarium?

Nur eines ist wichtig! Gesundheit für Fische und Pflanzen. Das bedeutet, wir müssen für «gesundes» Wasser sorgen und natürlich für eine gesunde Ernährung. Denn Leben und Leben ist auch im Bereich des Wassers ein großer Unterschied. Schließlich lebt der Zuchthäusler bei seiner kargen Kost auch. Aber unsere Fische sollen sich tummeln und quicklebendig sein.

(Informationsblatt der Tierfutterfirma Vitakraft)

Geheimnisvolle Geheimnummer

Die Handkoffer Schluessel Nummer errichten wir «0.0.0». Sie koennen diese Nummer bleiben. Oder errichten Sie Ihre einige geheime Nummer. Die Weisen wie folgen:

Erst: Wenden die Nummer zum oeffnenden Platz

Zweite: Knopf nach hinten drücken und die zu festlegende rote Karte herausholen und druecken die Knopf mit dem Daumen zur Nummer Wendung... Nachdem die rechtige Nummer errichtet hat, loesen erst das Daumen weg.

Dritt: Inzwischen wenden Sie die Wendung zur rechtigen Nummer. Nutzen die wohlbekannte Nummer, z.B.Telefon, Geburtstag oder Aderesse u.s.w., um die Nummer niche zu vergessen.

Vierte: Loesen das Daumen weg zum ersten Platz, und stehen die rote Karte zurueck, dann hat die Nummer errichtet.

Wenn Sie die Nummer veraendern wollen, errichten Sie wie die oben Weisen.

P.S.   (1) Wenn Sie es vermeiden wollen, dass jemande die Nummer verstohlen blicken, koennen Sie nach dem Oeffnen die Nummer nicht ordnend wenden, dann druecken die Knopf und ist es im Schloss.

(2) Die Wirkung der rote Karte ist es zu vermeiden, jemande die Nummer in der Unordnung zu machen. Die Karte Kann gehalten werden oder nicht.

(Gebrauchsanweisung für einen Koffer mit Nummernschloß)

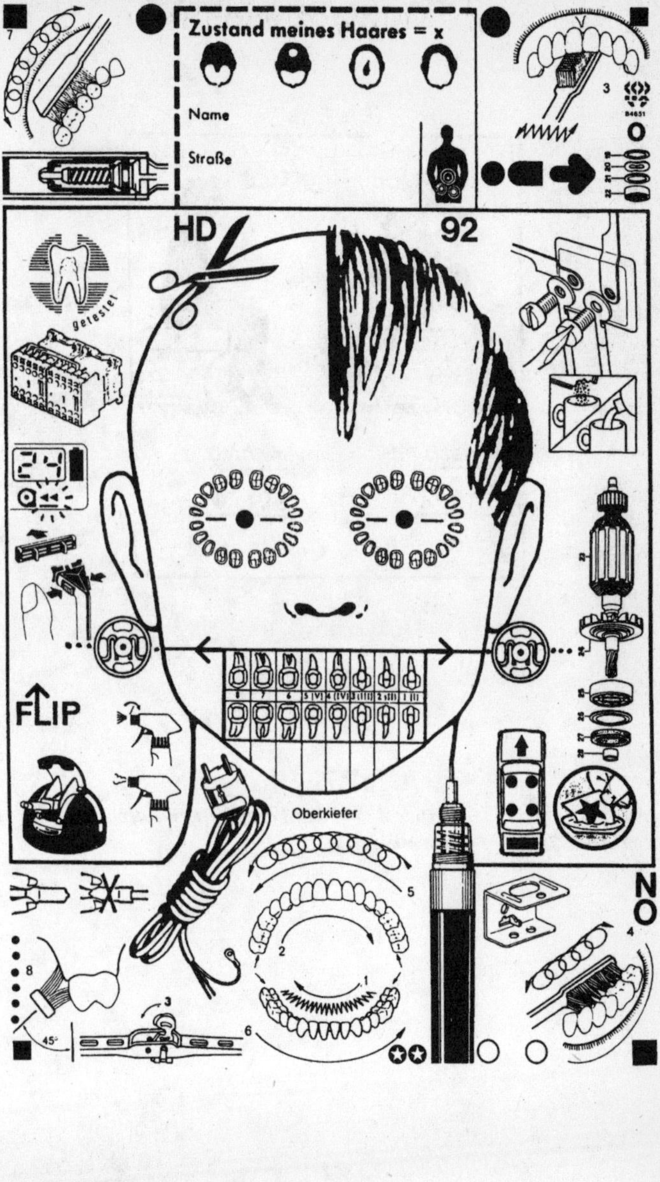

Zustand meines Haares = x
Name
Straße
HD
92
getestet
FLIP
Oberkiefer
NO
45°

Gewußt wie

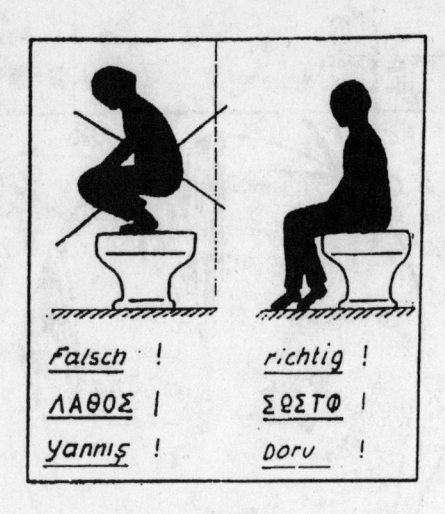

Falsch!	richtig!
ΛΑΘΟΣ !	ΣΩΣΤΟ !
Yannıs !	Doru !

(Aushang am «Stillen Örtchen» bei den Ford-Werken Köln zur Hoch-Zeit der Gastarbeiterzuwanderung)

Wichtige Warnung

BENUTZUNGSANWEIS

Vorsichtig Lesen
...
Merken Sie auf: Während Sie den Luftdruck benutzen, lassen Sie die Klinke mit Danmen in «auf» Stellung behalten.
...
Untersuchen Sie Typischen Luftdruck Tabell, die nur für referenz, Sie müssen nach Ihr eigenes Handbuch für richtigen Druck.
...
Vermeiden Sie über zu blasen. NICHT ÜBER FOLGENDEN DRUCK wenn Sie es machen, werden Sie ausbrechen und Verletzung bekommen.

NOT ANWEISUNG
...
Untersuchen Sie den Bruch und Leck Während sie bläst.

(Aus der Gebrauchsanweisung für den Mini Lult.Kompressor AC 2200P)

Auch keine Chance für Beelzebub

Eine Neuigkeit – eine Neuheit! Endlich ist er da, der Hygienische Weihwasserspender. Er ist der einzige, den es überhaupt gibt. Er gibt nur sauberes Wasser ab ... Man taucht nicht mehr den Finger ein, wäscht keinen Schweiß, Schmutz oder Krankheitskeime hinein. Er ist eine geschlossene Flasche. So kann auch kein Staub, kein Insekt oder dgl. hineinfallen ... Der Spender ist gefällig gestaltet. Er ist auch billig. Sein größter Wert ist nicht das Material, sondern die Hygiene.

(aus einem Rundbrief des katholischen Pfarramtes Klimmach)

Nicht lachen, handeln!

Im Falle eines Brandes in ihrem Zimmer:

BLEIBEN SIE KALTBLUTIG!
...
Warnen Sie den Kammerdiener, die Kammerfrau oder die Leitung.

Wie benutzen ihre telephone apparat

Haken Sie los und bilden ‚O' auf erlangen dass die einladung zu numerieren aussenseite

(Hinweise im Zimmer eines Hotels)

Anker mit Schlips und Kragen

Anschlaganleitung:
...

Vormontiert gelieferte Anker so in gebohrte Löcher stekken, daß umgebörtelter Anker mit Kragen am Schließblechhaltestück aufliegt.
Achtung: vorderen Konus nicht in Anker drücken!

(aus der Anleitung zur Selbstmontage einer Sicherheits-Bändersicherung mit Schließblech für Wohntüren)

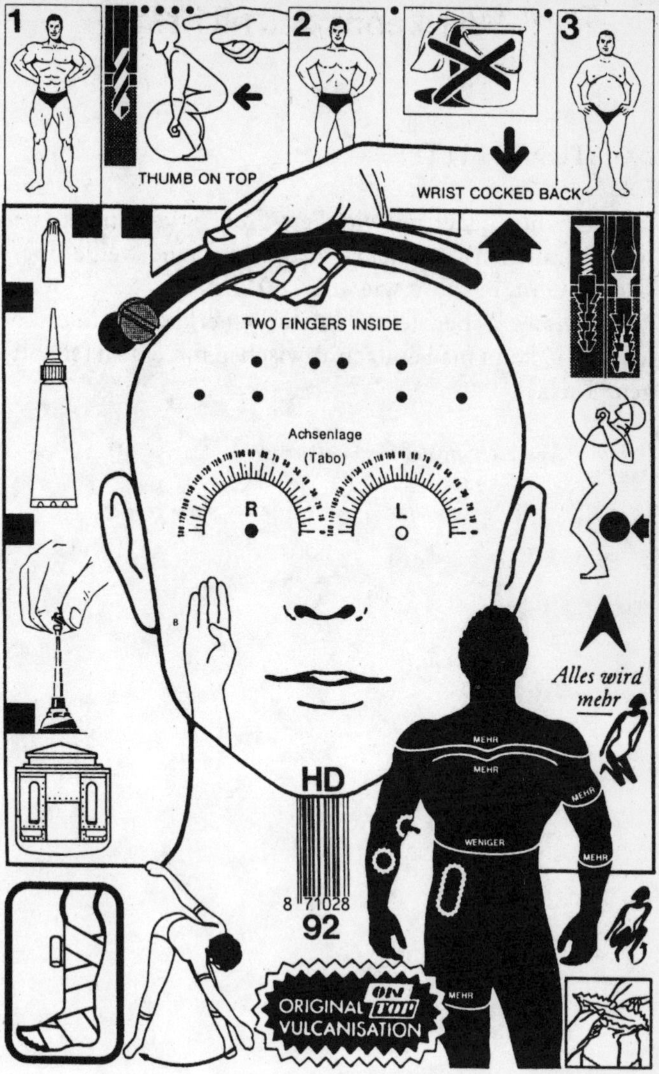
1
2
3
THUMB ON TOP
WRIST COCKED BACK
TWO FINGERS INSIDE
Achsenlage
(Tabo)
R
L
Alles wird mehr
MEHR
MEHR
MEHR
WENIGER
MEHR
MEHR
HD
8 71028
92
ORIGINAL ON TOP VULCANISATION

Wer kennt das nicht?

ACHTUNG; BITTE:

Natuerliches Leder mit viel Fett-Fluessigkeit Inhalt (wie wir gebrauchen) entwickelt manchmal eine weiße oberflaeche Glut, bekannt wie «BLOOMING».
Dies weisses Ueberbleibsel, mehr bemerkbaar auf dunkele Farben, kann man einfach abwischen mit einem feuchtigem Tuch.

(Schuh-Pflegeanleitung der Firma «Portside»)

Bedienungen erster Kategorie

Fuer denjenige, der etwas verschieden braucht als dasselbe Rennen zur See oder nach der Gebirge, zwischen das Verkehrschaos und dieselben Dinge: Hotel Cantiere.
In Reichweite in der Norditalienmitte stellt es euch zur Verfuegung mit Vornehmheit seine Bedienungen von I. Kategorie und seinen herrlichen Garten mit Sonnenanzug und Privathafenchen, am Iseoseeufer.

(aus einem Hotelprospekt)

Simple Aufgabe

Die von einer Lehreinheit zu befriedigende Nachfrage nach Lehrveranstaltungen ... errechnet sich nach folgender Formel:

$$D_i = B_i + E_i + \sum_{p=1}^{n} \sum_{k=3}^{x} \frac{v_{pik} \cdot f_k}{g_k} \cdot \frac{x_p}{t_p}$$

(Verordnung des Kultusministeriums Baden-Württemberg)

Rechtig leuchtige Lampe

Die Halogenfackelslampe

...
Beim Auspacken und Teilwechseln bitte auf die weichen Oberfläche liegen lassen.

Beachtung:
Weder die Glühbirne noch das spezialiche Glas nicht mit dem Hand berühren darf. Sonst werden das Glas oder Lampenleben kaput und verkürzt. (bei der reinigung muss man darauf warten bis die Glühbirne ganz kalt ist, Dann wird mit dem weichenen, drockenen Lappen mit dem Alkohol geputzt.) Danach die Glühbirne rechtig aufsetzen zu bestimmen.

Vorsichtig
...
– Bitte keine Erschüterrung die Leuchtige Lampe Anzugeben, Sonst wird die Lampe zerschmettern.

(aus der Bedienungsanleitung für eine Halogenleuchte)

Ein Schläfchen in Ehren...

BETRIEBSANLEITUNG

A: EIGENSCHAFTEN

- Guter läutener Alarm mit 7 Minuten Schläfchen

- Microlampe zum mehr angenehmen Lesen in der Dunkelheit.

(aus der Betriebsanleitung für eine LCD-Uhr)

Drehen am Potentiometer

KONTROLLENSCHILDERUNG

SCHALTER
Die Entzuendung der Orgel bekommt man wenn den Knopf der Volume gedreht wird. Das Instrument wird gleich funktionieren.

VIBRATO
Das Vibrtao wird eine angenehme wellenfoermige Wirkung an den verschiedenen Musikarten hinzufuegen.

STIMMEN
Die Tonerzeugen der Orgel sind sehr haltbar… Die Frequenz der Note kann hoeher oder niedriger gemacht werden wenn man mit einem Schraubenzieher die bezuegliche Potentiometer dreht. Das ist leicht zu finden weil jene kleine Platte ist von seiner Note gegenzeichnet. Das Stimmen einer Note anstimmt automatisch alle andere mit selber Name im ganzer Orgel.

BEISTAND
Falls die Orgel stummt bleibt folgende Kontrolle auszuführen:
…
3.Mindestens ein singbares Register muss inseriert werden bevor den Klavierumfang einige Toene produziert.

(aus der Gebrauchsanleitung für eine elektronische Heimorgel)

Gute Nacht

Damit das Vögelein gut schlafen kann, kaufen Vogelliebhaber für ihren Liebling dieses Abdecktuch für den Vogelbauer. Bedruckt mit Vogelmotiven und mit «Gute Nacht, lieber Piepmatz».

(aus der Beschreibung eines Artikels im Quelle-Katalog)

Verarbeitung von Gipsbinden

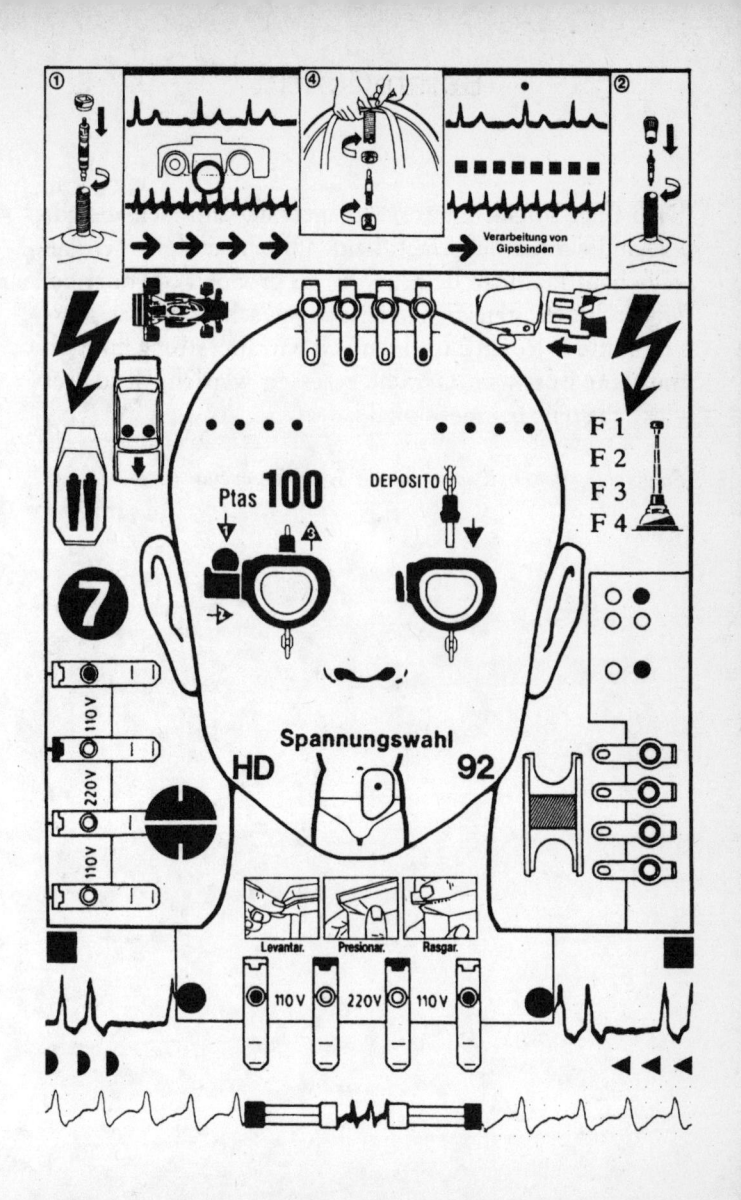

Ptas 100   DEPOSITO

Spannungswahl
HD 92

Levantar. Presionar. Rasgar.

110 V   220 V   110 V

F 1
F 2
F 3
F 4

Busen-Gericht

Nach einer Brustkorrektur verlagert sich die nach wie vor vorhandene Unsicherheit bald auf ein anderes Organ («Ich habe zu dicke Beine, einen zu großen Po») oder bei Fehlen dieser Utensilien in eine psychische Labilität. Deshalb sollte in jedem einzelnen Fall wirklich streng mit sich und dem Busen zu Gericht gesessen werden, ob dieser wirklich so überdimensional ist.

(Empfehlung der DAK an potentielle Schönheitsoperationsopfer)

Schlüssel, aufgepäckt

VERSTELLEN VON SETZEN
DES DREHMOMENT
...
Den Schlüssel in das links Hand mit sichtbare Gradierung ausgleichen und den gezeichneten Pfeil Elemantarskala auf sein lassen, den gerädelte Handel durch Umdrehen der geschlossene Mutter gegen dem Uhrzeigersinn aufsschliessen.
...
Die geeligente Hülse oder andere Befestigungen in den viereckige Antrieb setzen und auf die Mutter oder Schraube anwenden, und den Handel bis dass das Knakken des Schlüssels gehört wird. Das Ziehen auslösen, der Schlüssel wird dann automatisch fuer nächstes Operation wieder gesetzt.

ACHTUNG:
Wenn der Schlüssel nicht verwendete wird für manche Zeit, bitte lassen der Schlüssel funktionieren auf das niedrige Drehmoment welche innerliches Schmiermittel erlauben, den innerliche funktionierte Teile neu anzustreichen.
...
Reinigen den Schlüssel mit Abwischen: Tauchen niemal diese Apparat in irgendes Reiniger ein welche schädlich auf Oel wirkt, mit dem der Schlüssel in Firma aufgepäckt ist.

(Gebrauchsanleitung für einen Drehmomentschlüssel)

Das Geheimnis
chinesischer Kochkunst

DAS WICHTIGE BEWEGEN-BRATEN
KOCHEN GERAET IN CHINESISCHER
KOCHKUNST

EINLEITUNG
ZUM CHINESISCHEM KOCHEN

Kochen in China ist eine Kunst. Speise in kleinem Stueck und schnellem Kochen ist sehr gut.
...
Nun wissen wir alle die Wichtigkeit des Bewegen-Braten. Das ist eine gute Methode fuer Behalten der Ernaehrung.
...
Uebermassoel geht weg und die Speise ist sehr schoen und gut.
...
WOK ist auch passend fuer Fleischkochen und Reiskochen in Spanischer, Französischer und Italienischer Kochkunst.

BEREITEN DIE SPEISE
FUER BEWEGEN-BRATEN VOR

Fleisch muessen sehr duenn wie Papier geschnitten
...
Huhn, Ente oder Truthahn muessen in 1" oder 1 1/2" geschnitten werden. Fisch muessen in 1/4" oder 1/2" geschnitten. Shellfisch muessen in 1/4" geschnitten werden.

OEL FUER BEWEGEN-BRATEN

Das beste Oel ist Erdnussoel. Der chinesischer Kuchenchef moechte gern Erdnussoel benutzen. Erdnussoel in hocher Temperatur macht kein Rauchen und andere Sache. Die Speise ist sehr gut und schoen.

DIE WUERZE VON BEWEGEN-BRATEN
...
Geschmack ist sehr wichtig in chinesischer Kochkunst.
...
Heissen Sie ein bisschen Oel in WOK
...
Kochen 2 bis 3 Minuten, bewegen Sie es oft. Dienen.
...
Setzen geschlagen Wassercress, soy sauce und dienen ueber Heissnudel.

(aus der Gebrauchsanleitung für einen Wok)

Das ultimative Allroundmesser

Für Jager, für Lagern, für Fisehen, für Walder

UEBERLEBEN MESSERGEPÄCK
...
Messer: 6 Stahlklinge, Zum Rockwell Hartnäckigkeit 52-56
...
Drähtsage: 20 Drahtsäge falten in den Hohlhandel. Fingerringe für die Säge inder Aussenseite von den Handel ausgerüstet werden.
...
Nadel: Gorsse Nadeln sind für Nähen, Notfall, medizinisches Gebrauch usw. versehen. Die Nadeln können an einen Klebestreifen festgebunden werden, werden, um eine Zinke zu formen und die kleine Fischen, Frosch usw. aufzuspiessen.

(Beipackzettel für ein Überlebensmesser)

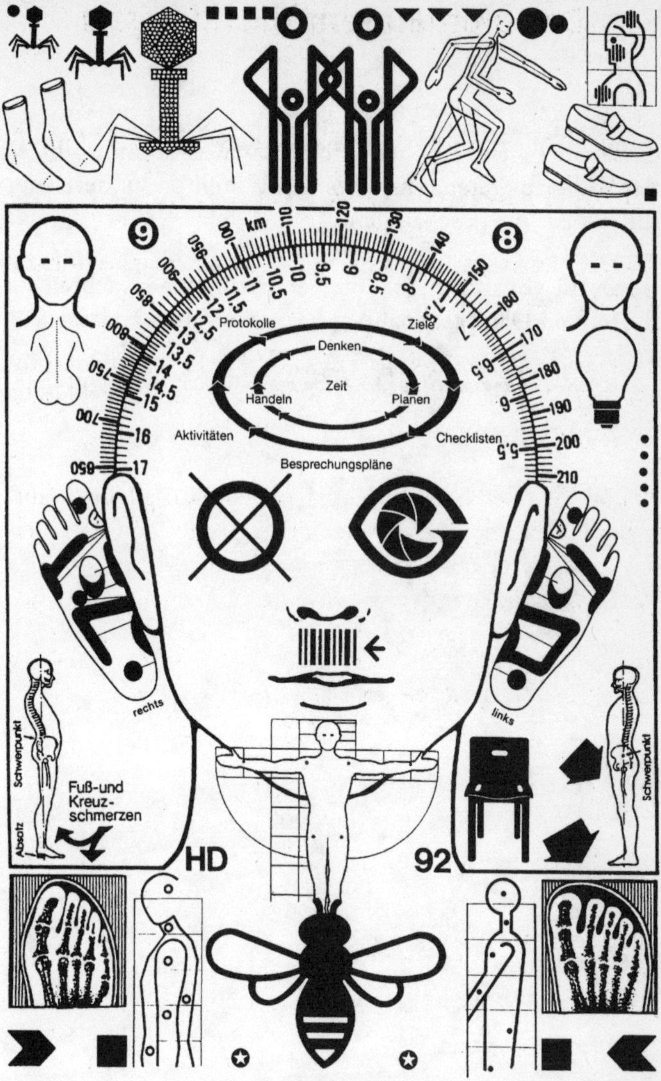
9
km
8
Protokolle
Ziele
Denken
Zeit
Handeln
Planen
Aktivitäten
Checklisten
Besprechungspläne
rechts
links
Schwerpunkt
Fuß-und
Kreuz-
schmerzen
Absatz
Schwerpunkt
HD
92

Flötentöne

Tatsächlich beim Kochen wächst das Wasser und sollte es der Tülle austreten, würde es den Flötenton hindern und die selbe Flöte beschädigen.
...
Bevor die vogelförmige Flöte herauszunehmen, achten Sie die letzten Dampfschnauben herauskommen zu lassen.

(aus der Bedienungsanleitung eines Designer-Wasserkessels)

Gleitender Alarm

Operation Handbuch

Zeit einstellen
Gleitet das Alarm-Schluessel nach «OFF»-Position (order gleichwertige Flagge). Zieht den einstellen Schluessel aus und dreht nach die Richtung des Pfeils bis die Zeigern die genaue Zeit anzeigen.

Alarm Einstellen
Dreht den einstellen Schluessel nach die Richtung des Pfeils (entgegen dem Uhrzaigersinn bis das Alarm gehoert ist. Um das Alarm zu aktivieren, gleitet den Alarm Schluessel nach «ON» Position (oder gleichwertige Flagge).

Batterie Ersatz
Wenn die Uhrzeit nicht richtig, oder Alarm Band schwach ist, entfernt das Batterie Deck (oder oeffnet rueck Tuer). Ersetet die alte Batterie mit neue «AA» Batterie.

(Gebrauchsanweisung für einen Wecker)

Drücken, bis es klirrt

WIE DAS TOP-GLAS
(GEHÄRTET) MONTIEREN

...

Während Sie das Glas ein wenig in Richtung (A) drücken, drücken Sie das Glas kräftig in Richtung (B), bis sei ein geklirr Lärm hören in der linker und der rechter Scharnier.

...

Im fall die Scharniere und die Metal Platten nicht korrekt passen, bewegen Sie das Glas mit beide Hände nach links oder rechts, während sie das Glas in Richtung (C) drükken.

(aus der Montageanleitung einer Stereoanlage)

Ausführliche Anleitung
im Preis inbegriffen

FINE CERAMICS KNIFE

ファインセラミックナイフの上手な使い方

取り扱い説明書

保証書
無料サービス券

KYOCERA

ファインセラミックナイフの使用上のご注意

- ファインセラミックナイフは、普通の砥石で研ぐことはできません。切れ味が悪くなったり、刃こぼれが生じた場合には、ご家庭で研がず、お買い上げの販売店もしくは当社まで直接ご相談ください。
- ご家庭のタイルの上に誤って落とされても、先端から落下しない限り欠けることはほとんどありませんが、コンクリートなど硬いものの場合には、刃が欠けることがあります。
- かぼちゃなどのかたいものを切る場合は、刃が少し入った状態でこじったり、たたきつけたりすることはお止めください。
- 魚の頭を落としたり、魚の背骨などに刃を強く立てて、横にすべらせることはお止めください。
- 冷凍食品を切ることはできません。
- 骨付肉、カニの殻を切ることはお止めください。
- まな板は木製、または樹脂製のものをご使用ください。
- 茶碗など、硬いものに刃先を当てないようご注意ください。
- 刃の部分を直接火に煽るようなことはお止めください。
- 刃の部分に色が付着した場合は、スポンジかタワシにクレンザー、または歯磨粉をつけて磨いてください。金属製のタワシを使用しますと金属が削れて、金属粉で刃が黒くなることがありますのでご注意ください。
- 柄は、ポリプロピレン樹脂、木合板でできています。樹脂柄の"ライトキッチン""マイペティ"は長時間熱湯につけないようにしてください。

(Gebrauchsanweisung für ein im deutschen Versandhandel gekauftes Messer mit Keramikklinge)

Bitte die Batterie ausgießen

WIE KANN MAN
DEN KUGELSCHREIBER NUTZEN:

Drehen Sie den Kugelschreiber-Teil in uhrweiser Richtung, um die Fuelle auszustrecken...

WIE KANN MAN DIE ZEIT LEGEN:
...
Die sechte Niederdrückung von S-Knopf laesst die Stunde-Minute erscheinen mit einem nicht-blinzelnden Doppelpunkt, und die Zeit halt.
...
Wenn Sie ihre Schreiber-Uhr genaue puenktliche Zeit haben moechten, legen Sie die Minute vor eine Minute von Standarter Zeit und warten. Sofort die Standarte Zeit kommt, druecken Sie schnell den D-Knopf, dann Sie ihren Sekunde gehend von 00 haben und sicher die Standarte Zeit schon gesetzt hat.

WIE KANN MAN
DIE BATTERIE WECHSELN
...
Giessen Sie die genutzte Batterie aus und setzen Sie ein neue auf der Verbindung Schraube mit richtiger Polarität.

Notiz:
Diese Kugelschreiber-Uhr kann schon auf Lager fuer etwas Zeit vor Verkauf gesetzt werden, deshalb das Leben von der Batterie kann kuerzer als angegbt sein.

(aus der Anleitung für eine LCD-«Pen-Watch»)

Ein ordentliches Telefon

...
zu wählen
a) Heben Sie des Telefon auf, hören Sie sufs Amtseichen.
b) Wählen Sie die Nummern, und das Telefon word die Nummern anstehen, so schenell wie sie Tippen und wählen können.

...
Eine Nummer manuell zu wählen
a) Heben Sie des Telefon auf und wählen Sie , wie Sie mit einem ordentlichen Telefon machen.
b) Wenn Sie Ihren Anruf fertig gemacht, legen Sie das Telefon nach unten und an eine fläche Flache, um das Telefon einzuhängen.

...
Die letzte Nummer wiederzuwählen
a) Wenn die von Ihnen gewählte Nummer beschäftigt ist, hängen Sie ein.

...
BEMERKUNG
Um Schaden zu vermeiden, benutzen Sie nie Schleifmittel, starkern Reiniger oder Lösungsmittel auf allen Teilen des Telefons order Seils. Benutzen Sie ein feuchtes (nichg nasses) Tuch und mildem und abzü, schleifendem Reinigungsmittel. Wenn es nicht benutzt ist, ihr Telefon soll an eine fläche Flache gelegt werden.

(aus der Bedienungsanleitung für ein Telefon)

Kein Vollbad für Thermoskannen

...
Säubern Sie diese Kanne und den Schraubverschluß nur mit einem weichen Tuch. Legen Sie diese Kanne und den Verschluß niemals insgesamt ins Spülwasser.
– Ihren Kühlschrank legen Sie ja auch zum Säubern nicht in die volle Badewanne – oder?

(aus dem siebenseitigen Beipackzettel für eine Rotpunkt-Thermoskanne)

2
0 2 8 1 9 4
00 10 20 30 40 50 60 70 80
A2610321039
ECIALCODE
2 8 5 2 0 9 1
8194
HD92
2.70052
2 7 0 0 5 2

Furchterregende Feuchtigkeit

Gebrauksanveitzung

das Leder for dem Regen Feuchtigkeit fürchten. Um zu Schaden vermeiden man müss immer die Handtaschen vom den Unwetter schützen. Im Gegensatz zu wir jede Verantwortlichkeit ablehnen.

(Pflegeanweisung für eine Damenhandtasche)

Wie bitte?

TUMBLE DRY ON LOWEST HEAT
WITH A CLEAN TENNIS SHOE

(Waschanleitung für eine Daunenjacke)

Selbst ist die Wirkung

1. Die beiden scitlichen Schrauben, zusammen mit seinen betreffenden Dichtungsringen, ausziehen Sie. ACHTUNG: Allen Schraubenschlüsseln versehen.

2. Die beiden Uberzügen trennen Sie, und bewirken Sie die Änderung der Glühbirne.

3. In ümkehrten Reihenfolge, wiederholen Sie die selbste Wirkung als in 1.

(Montageanleitung für eine Lampe aus Spanien)

Flamme erloschen

Leitfaden
BEI DER AUSNUTZUNG DER LATERNE

Zulassige Defekte beim Brennen der Laterne:

1, Die qualme Flamme kann;
a, beim unrichtigen Schnitt des Dochtes sein
b, wenn der Brenner schmutzig ist;
c, bei der niedrigen Qualtät Patroleums,
2, Das Erloschen der Flamme kann;
a, beim schmutzigen Brenner sein;
b, bei der niedrigen Qualität des Petroleums,
c, wenn dic Brennersplatte die horisontae sein muß, beschadigt ist;
wenn die Offnungen des oberen Teils der Laterne zugemacht sind (die Lampe an sieh zu drucken ist unerwunscht),

(aus der Gebrauchsanweisung für eine Petroleumlampe)

Schwierige Operation

GEBRAUCHSANWEISUNG FÜR STELLUNG DES VEXIERSCHLOSS

1. Mit dem Schloss öffend. Schieben den Knopf (1) in der Richtung nach der Markierstab und niederhalten bis die zweite Operation durchgeführt werden hat.
2. Stellen das Nummersrad (2) auf die gewünschte Kombination, vergessen Sie nicht diese Kombination.
3. Jetzt lassen den Knopf (1) los, für die Prüfung drücken Sie den Knopf wiedermal.

(Anleitung zum Einstellen eines Nummernschlosses)

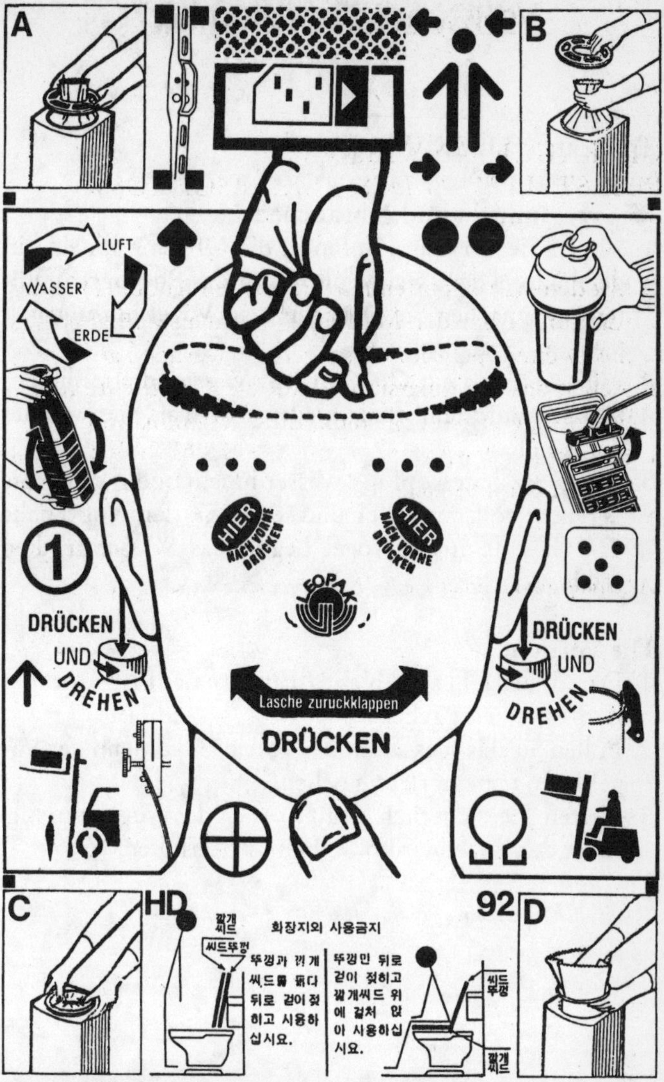

A
B
LUFT
WASSER
ERDE
1
DRÜCKEN
UND
DREHEN
HIER
NACH VORNE DRÜCKEN
HIER
NACH VORNE DRÜCKEN
LEOPAK
DRÜCKEN
UND
DREHEN
Lasche zurückklappen
DRÜCKEN
C
HD
깔개 씨드
씨드뚜껑
화장지외 사용금지
뚜껑만 뒤로 걷이 젖히고 깔개씨드 위에 걸처 앉아 사용하십시요.
씨드 뚜껑
깔개 씨드
92
D

Vollständiglich plombiert

Trinkente GLÜCK VOGEL

Wie versammeln und gebrauchen
1. Setzen Sie ein dem Zapfen in die Öffnung hinein auf dem Wipfel der zwei Keule als für das Photograph unten und machen Sie bewegen dem Vogel hin und her freilich.
2. Füllen Sie aus ein Glas mit kalt Wasser, die Höhe des Glasses würdt ein wenig niedriger sein als dies welches der Keule.
3. Legen Sie dem Kopf ins Wasser hinein und machen Sie es feucht vollständiglich und setzen Sie dem Vogel nahe das Glas dann der Vogel begint das Wasser trinken selbst.

Die Vorsicht
1. Darauf bedacht sein, nicht zu ändern der Platz dort der Zapfen ist jetzt geheftet.
2. Füllen Sie das Wasser immer voll ins Glas denn der Vogel kann trinken richtig gehen.
3. Halten Sie sicherlich dem Körper des Vogel durstig, sonst der Vogel wird plombieren zu trinken.

(Gebrauchsanweisung für eine dekorative «Trinkente»)

Brennen ohne Feuer

Sicherheits-
Brennpaste

Vorsicht: entflammbar, von KINDERN fernhalten und nicht in der Nähe von offenem Feuer und Flammen verwenden.

(Warnhinweis auf einer Brennpaste, die selbst das Feuer zum Erhitzen von Fondue-Töpfen u. ä. liefern soll.)

Groß- und Kleinschreibung: 6

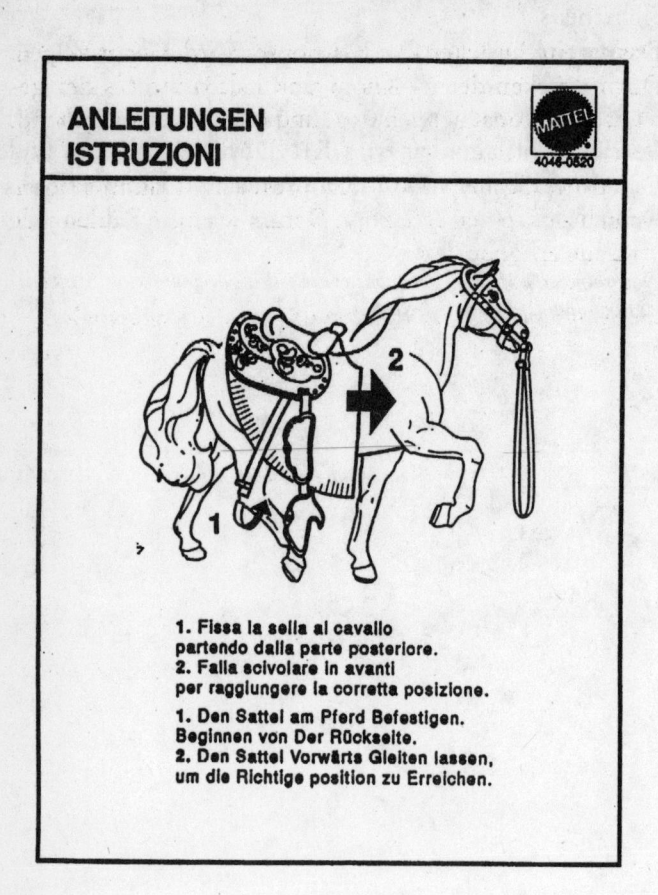

ANLEITUNGEN
ISTRUZIONI

1. Fissa la sella al cavallo
partendo dalla parte posteriore.
2. Falla scivolare in avanti
per raggiungere la corretta posizione.

1. Den Sattel am Pferd Befestigen.
Beginnen von Der Rückseite.
2. Den Sattel Vorwärts Gleiten lassen,
um die Richtige position zu Erreichen.

(Sattelanlegeanleitung für ein Barbie-Pferd)

Umgehende Erlösung...

...

Das zweite Drücken des B-Knopfes wird Monat zeigen. Dann drücken den A-Knopf und halten ihn bis der gewünschte Monat gereicht hat, und erlösen ihn umgehend.

...

Das dritte Stoßen des B-Knopfes wird Datum zeigen. Dann drücken den A-Knopf, Datum wird ein Zählen jede Sekunde erhöhen.

(aus der Bedienungsanleitung für einen Quartzuhr-Kugelschreiber)

Befestigen Sie Mutter!

SCHRITT-FÜER-SCHRITT-GEBRAUCHSAN-
WEISUNG OHNE SPEZIALIST GEBRAUCHT

Schritt 1
...
Manche Sie Sicher, dass das von Parkbände aufgestandene Boden flatt ist.

Schritt 2
...
Befestigen Sie nun alle Bolzen und Mutter.

(aus der Konstruktionsanleitung für eine Parkbank)

Klagen über Klänge

UNTER KLAVIATUR
Die Klaviatur von 37 Tasten hat drei Regulators-mischungs aus 8' Fuesse, Flute, Sax, Reed, dass gibt es mehrere Toene von Klagen lieben als von dem Vollzieher.

STARK
Es ist eine Wirkung als glaenzend auf auserwaehlt Klagen zu geben. Das Niveau dem Klag ist geregelt von dem Aermelaufschlag Nur Umfang, das walten als es auch von allgemeinem Umfang.

START KEY
Diese Befuehlung kligen in der Lage nicht einschalt (hohe) den auserwaehlt Rhythmus in die Firtsetzung. In der enschalt Lage (Niedrig) Kligen den Rhythmus nur, wenn ein oder mehrere Tastem von die Gruppe der unter Klaviatur reserviert die Begleitung.
...
Das Niveau dem Jlag ist von der Aermelaufschlag AUTO VOLUME.

(aus der Bedienungsanleitung der Heimorgel 237CP,
Ladenpreis ca. 1000. Mark)

Wegbleiben!

WARNING

KUNSTSTOFFES SACKE KONNEN DIE
GEFAHREN BRINGEN. UM DIE GEFAHR
DER ERSTRICKUNG ZU VERMEIDEN,
WEGBLEIBEN DIE SACKE VON BABIES
UND KINDER.

(Aufschrift auf einer Plastiktüte, in die ein Bügeleisen eingepackt war)

jetzt Tabletten individuell dosierbar

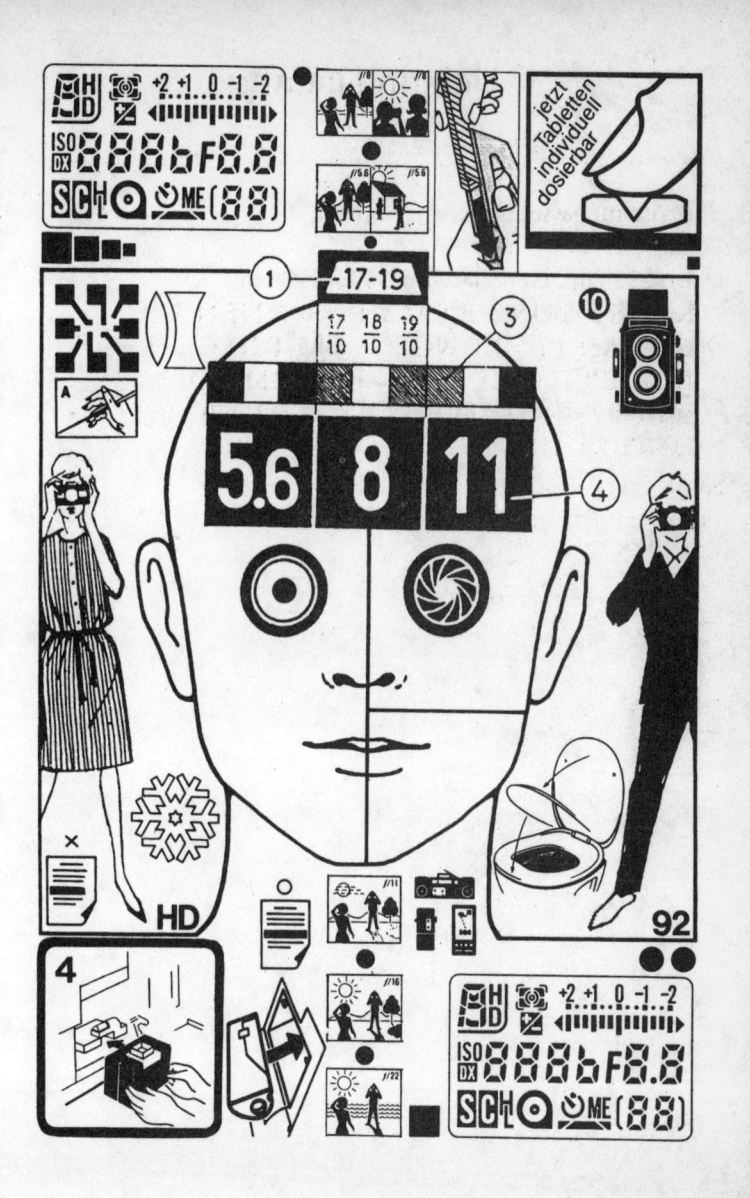

-17-19

17/10 18/10 19/10

5.6 8 11

HD

92

4

Lieb und Lecker

Bedienungsfreundliche Dauerwurst

I. a., Salami, Cervelatwurst, Pfeffersalami,
Schinkenplockwurst,
ca. 1,6 kg   1kg 10.88

(aus einer Reklame der Supermarktfirma Agros)

Umwerfend

2) EINE WANGENSEITE (DIE NACH AUSSEN LEHNEN SOLL) DURCH ENTSPRECHENDEN KLEIN – STANGE UND MESSINGEBESCHLAEGE AN DIE TRUHE FESTSCHRAUBEN UND MIT SCHRAUBENZIEHER DRUEKKEN:

3.) DIE TRUHE UMWERFEN UND SIE SELBE HANDLUNG BEI DER GEGENTEILIGEN SEITE WIEDERHOLEN:

5.) DIE RUECKSEITE NEHMEN UND AUF DEN SITZ LEGEN SO DASS DIE UNTERE QUERSEITE AUF DER SELBEN HOEHE DES BANKSITZES IST.

(Aus der Montageanleitung für die Gartenbank Mod. 514-604 von ISE)

Athletische Stoppuhr

S2 drücken, wenn der erste Läufer die Terminlinie überquert.

(aus der Bedienungsanleitung für eine LCD-Stoppuhr)

Kamikaze-Fotos

Hauptteile:
5. Filmraum türauslöser
8. Metalläuglein
10. Sucherausblickfenster
13. Batterieraumlid

WIE MAN
EINE BESTE AUFNAHME MACHT
... Ins Sucher-Ausblickfenster durchsehen. Ihr Foto einrahmen, dann halten das Fotoapparat festlich und drücken den Verschlussauslöserknopf leicht ab.

Richtige Behandlung Ihres Fotoapparats
... Schützen Ihr Fotoapparat vor Staub, Dreck, Wasser, Regen, Feuchtigkeit, salzige Luft und grob händig.
... Wenn eine Bedienung nötig ist, verbinden Sie sich mit Ihrem Händler und bevollmächtigte KAMIKAZE-Bedienungsstelle.

(aus der Gebrauchsanweisung für einen Fotoapparat)

Gebührlicher Verkauf

Nur einen rechtmäszig bevollmächtigten Kunde-Weiterverkaufer darf die LEONIDAS-Produkte verkaufen und dies ausschlieszlich auf dem ihm durch die LEONIDAS N. V. gebührlich gewährten Verkaufspunkte.

(Packungsaufdruck einer belgischen Pralinenmarke)

tomate

Uschi und Brian Bagnall
Die Wahrheit über den Stiefel
Das Italien-Fanbuch
(tomate 13026)

Rainer Bartel
Computer leiden leise *Vom liebevollen Umgang mit Computern*
(tomate 12777)

Ekko Busch
Gute Reise! *Cartoons aus der F.A.Z.*
(tomate 13089)

Wolfram Eicke
Mit Kakao und Pistole... *halten wir Papa auf Trab*
(tomate 12583)
Das Pauker-Buch *Erkenne deinen Lehrer und du hilfst dir selbst!*
(tomate 12159)

Bernd Fritz
Von großem Deutschem *Satiren aus der TITANIC*
(tomate 12767)

Heinz Jankofsky
Auf baldige Genesung! *Cartoons zum Gesundlachen*
(tomate 13143)

Uwe Nielsen
Wir schalten um! *Das endgültige TV-Programm*
(tomate 12434)

Erich Paulmichl
Die Wahrheit über Golfer
Cartoons
(tomate 13099)

Rowohlt Schmunzel-Lesebuch
Herausgegeben von Klaus Waller
(tomate 13105)

rororo Unterhaltung

Ahriman Satyri
So sind die Frauen! *Das hilfreiche Buch der Frauen-Typen*
(tomate 12633)
So sind die Männer! *Das hilfreiche Buch der Männer-Typen*
(tomate 12754)

Klaus Waller / Jan Cornelius (Hg.)
Heiteres Europa *Eine Lese-Reise*
(tomate 12864)

Ulrich Winterfeld
Sex-Lexikon *69 eindeutige Ratschläge. Mit einem erotischen ABC von Erich Rauschenbach*
(tomate 12418)

rororo tomate wird herausgegeben von Klaus Waller. Ein Gesamtverzeichnis der Reihe finden Sie in der *Rowohlt Revue*. Jedes Vierteljahr neu. Kostenlos in Ihrer Buchhandlung.

Wolfgang Körner

Was Angestellte nicht zu träumen wagen, **Wolfgang Körner** schreibt es auf: *Büro Büro* ist eine der erfolgreichsten Vorabendserien im ARD. Körner, Jahrgang 1937, lebt als freier Schriftsteller abwechselnd in Dortmund und Bad Reichenhall. Neben zahlreichen Romanen, Erzählungen, Essays und Drehbüchern schreibt er für rororo tomate die «einzig wahren» und umwerfend komischen Satiren.

Büro, Büro *Der Roman zur Fernsehserie*
(rororo tomate 12469)

Der einzig wahre Anlageberater *Rockefellers Kopfkissenbuch*
(rororo tomate 5954)

Der einzig wahre Ehe-Berater *Verheiratet und trotzdem glücklich*
(rororo tomate 12614)

Der einzig wahre Karriere-Ratgeber *Über Leichen zum Erfolg*
(rororo tomate 12164)
Nicht nur verständnislose Vorgesetzte, sondern auch mittelmäßige Konkurrenten müssen niedergerungen werden, bevor die goldene Rolex und der Schlüssel zur Cheftoilette in greifbare Nähe rückt.

Der einzig wahre Kultur-Führer *Das unverzichtbare Handbuch für Gebildete*
(rororo tomate 12845)

Der einzg wahre Schauspielführer *Das klassische Erbe*
(rororo 5821)

Der einzig wahre Opernführer
(rororo tomate 5648)
Ein höllisch-satirisches Vergnügen für alle, die Spaß an der Oper haben.

Der einzig wahre Patienten-Berater *Vom Kreißsaal bis zur Intensivstation*
(rororo 12324)

Ein langer warmer Sommer *Roman*
(rororo 12276)
Ein witzig-ironischer Künstler-, Prokuristen-, Frauen- und Liebesroman.

rororo tomate

3246/1

spiel + freizeit

Harry Böseke
Spiele mit Worten *Schreib- und Sprachspiele um Texte und Begriffe*
(spiel und freizeit 8926)

H. Bücken / D. Hanneforth
Klassische Spiele ganz neu *Varianten und Verschärfungen von Dame bis Domino*
(spiel + freizeit 8901)

D. Hanneforth / A. Mutschke
Ärger-Spiele *Varianten und Verschärfungen von Mensch-ärgere-dich-nicht bis Malefiz*
(spiel + freizeit 8905)

H. P. Karr
Mord! *Kriminalstoriers zum Selberlösen*
(spiel + freizeit 8908)
Das Morden geht weiter *Mehr Kriminalstories*
(spiel + freizeit 8917)

Uta Knigge
Packwahn oder Die Kunst des Einwickelns
(spiel + freizeit 8903)

Matthias Mala
Backgammon-Spiele *Neue Regeln, Varianten, Verschärfungen*
(spiel und freizeit 8918)

Uschi Neidhardt
Meditative Spiele *Die Ruhe im Auge des Taifuns*
(spiel + freizeit 8911)
Spiele, Bluffs und Knobeleien *Spaß mit Bierdeckeln, Streichhölzern und anderem Kleinkram*
(spiel und freizeit 8900)

Bernhard Schön
Rallyes mit Köpfchen *Unterwegs auf rätselhaften Spuren*
(spiel + freizeit 8906)

Horst Speichert
Kopfspiele *Das unterhaltsame Gedächtnistraining*
(spiel + freizeit 8902)

Renate Stiller
Ausgefallene Feste *Ideen und Rezepte mit Pfiff*
(spiel und freizeit 8907)

Sylvia Winnewisser
Schneiden, falten, fertig! *Mit Papier und Schere durch Himmel und Hölle*
(spiel + freizeit 8904)
Ungewöhnliche Grüße *Mit pfiffigen Ideen Eindruck machen*
(spiel + freizeit 8910)

David Wurman
Chinesisches Schach leicht gemacht *Regeln, Tricks und Taktik*
(spiel + freizeit 8921)

René Zey
Gesucht wird... Berühmte Frauen in Rategeschichten
(spiel und freizeit 8919)
Manche mögen's schwer *Spiele für Kinofans*
(spiel + freizeit 8909)

rororo sachbuch

Heiteres

Manfred Schmidt
Mit Frau Meier in die Wüste
Eine Auswahl verschmidtster Reportagen
(rororo 907)
Ob Salzburger Festspiele, Londoner Klubleben, Paris bei Nacht, FKK in Kampen, ob mit Frau Meier in die Wüste – der Leser kann sicher sein, die Reiseziele Manfred Schmidts versprechen so vergnüglich zu sein, wie kein anderer Reiseführer.
Frau Meier reist weiter
Eine neue Auswahl verschmidtster Reportagen
(rororo 1081)
Das schnellste Hotel der Welt
Verschmidtste Geschichten
(rororo 5785)

James Herriot
Der Doktor und das liebe Vieh *Als Tierarzt in den grünen Hügeln von Yorkshire*
(rororo 4393)
Warmherzig und humorvoll, mit nie versiegendem Staunen vor dem immer wieder neuen Wunder des Lebens erzählt James Herriot in diesen amüsanten Erinnerungen von der Tierarztpraxis in der wilden, einsamen Landschaft der Yorkshire Dales und den großen und kleinen Erlebnissen, die den Alltag eines Tierarztes ausmachen.
Der Tierarzt
(rororo 4579)
Die zweite Folge der heiteren Tierarztgeschichten
Der Tierarzt kommt
(rororo 4910)
Die dritte Folge der heiteren Tierarztgeschichten
Von Zweibeinern und Vierbeinern
(rororo 5460)
Neue Geschichten vom Tierarzt

rororo Unterhaltung

Unvergeßlicher Heinz Erhardt
Heiteres und Besinnliches
(rororo 4245)
Diese herzerfrischenden Sketche und Wortspielereien rufen uns noch einmal Heinz Erhardts unverwechselbaren Humor und seine liebenswerte Hintersinnigkeit in Erinnerung.
«Es darf kein Äußerstes geben, zu dem wir nicht entschlossen wären, und keine Lauer, auf der wir nicht lägen.»
Heinz Erhardt

Lene Voigt
Säk'sche Balladen
(rororo 4242)
Lene Voigt, oder «unsere liebe Lene», wie sie von ihren Landsleuten und Verehrern stets zärtlich genannt wurde, hat sich mit ihren säk'schen Dichtungen längst einen festen Platz in der deutschen Dialektliteratur erobert.
Säk'sche Glassigger
(rororo 12881)

Lesebücher

Bücher für jeden Geschmack und viele Gelegenheiten. Zum Geburtstag oder als kleine Aufmerksamkeit zwischendurch. Für Urlaub, Freizeit und lange Lese-Nächte.

Lesebuch der Freunschaft
(rororo 13100)
«Ein Freund ist ein Mensch, vor dem man laut denken kann.»
R. W. Emerson

Lesebuch der Liebe
(rororo 13102)
In diesem Band spiegeln sich die vielen Facetten der Liebe wider – vom ersten spielerischen Verliebtsein bis zu den Herausforderungen der großen Liebe.

Lesebuch des schönen Schauders
(rororo 43050)

Lesebuch «Gute Besserung!»
(rororo 13103)

Lesebuch Perlen der Lust
(rotfuchs 13104)

Lesebuch für Katzenfreunde
(rororo 13101)
Nicht nur humorvolle oder spannende Geschichten von Katzen-Freunden für Katzenfreunde, in denen die Spezies Mensch nicht selten entlarvt wird.

Thriller Lesebuch
(rororo43051)

Lesebuch der «Neuen Frau»
Araberinnen über sich selbst
(rororo 13106)

Rotfuchs-Lesebuch Kinder, Kater & Co.
(rororo 20642)

Schmunzel Lesebuch
(rororo 13105)
In sieben Kapiteln werden hier Texte von mehr als 35 berühmten Autoren präsentiert – von «Klassikern» wie Kurt Tucholsky, James Thurber, Karel Capek, Alfred Polgar und Frank Wedekind ebenso wie von modernen Autoren à la Robert Gernhardt, Richard Rogler, James Herriot und Wolfgang Körner.

rororo Unterhaltung

Rowohlt im Kino

John Updike
Die Hexen von Eastwick
(rororo 12366)
Updikes amüsanten Roman über Schwarze Magie, eine amerikanische Kleinstadt und drei geschiedene Frauen hat George Miller mit Cher, Susan Sarandron, Michelle Pfeiffer und Jack Nicholson verfilmt.

Hubert Selby
Letzte Ausfahrt Brooklyn
(rororo 1469)
Produzent: Bernd Eichinger
Regie: Uli Edel
Musik: Mark Knopfler

Alberto Moravia
Ich und Er
(rororo 1666)
Ein Mann in den Fallstricken seines übermächtigen Sexuallebens – erfolgreich verfilmt von Doris Doerrie.

Paul Bowles
Himmel über der Wüste
(rororo 5789)
«Ein erstklassiger Abenteuerroman von einem wirklich erstklassigen Schriftsteller.»
Tennessee Williams
Ein grandioser Film von Bernardo Bertolucci mit John Malkovich und Debra Winger

John Irving
Garp und wie er die Welt sah
(rororo 5042)
Irvings Bestseller in der Verfilmung von George Roy Hill.

Alice Walker
Die Farbe Lila
(rororo neue frau 5427)
Ein Steven Spielberg-Film mit der überragenden Whoopi Goldberg.

Henry Miller
Stille Tage in Clichy
(rororo 5161)
Claude Chabrol hat diesen Klassiker in ein Filmkunstwerk verwandelt.

Oliver Sacks
Awakenings – Zeit des Erwachens
(rororo 8878)
Ein fesselndes Buch – ein mitreißender Film mit Robert de Niro.

Ruth Rendell
Dämon hinter Spitzenstores
(rororo thriller 2677)
Rendells atemberaubender Thriller wurde jetzt unter dem Titel «Der Mann nebenan» mit Anthony Perkins in der Hauptrolle verfilmt.

Marti Leimbach
Wen die Götter lieben
(rororo 13000)
Das Buch zum Film «Entscheidung aus Liebe» mit Julia Roberts und Campbell Scott in den Hauptrollen.

rororo Unterhaltung